REGISTRE DES STUPÉFIANTS

Registre d'entrées et sorties de substances
et de médicaments classés comme stupéfiants
Conforme au Code de la Santé Publique (art. R. 5132-36)

Renseignements administratifs

Nom de l'établissement	
Responsable de l'établissement	
N° et date de l'autorisation délivrée en application de l'article R.5132-74	
Adresse	
Contacts	
Email / Site web	
Autre informations	

OUVERT LE : ___/___/______ **CLÔTURÉ LE :** ___/___/______

SOMMAIRE

CODE DE LA SANTÉ PUBLIQUE
Article R.5132-36 — Page 03

MÉDICAMENTS CLASSÉS « STUPÉFIANTS »
balance journalière des entrées-sorties — Pages de 06 à 65

MÉDICAMENTS CLASSÉS « STUPÉFIANTS »
balance mensuelle des entrées-sorties et inventaire annuel — Pages de 68 à 97

AUTRES SUBSTANCES ET PRÉPARATIONS « STUPÉFIANTES »
balance journalière des entrées/sorties (et pertes éventuelles) — Pages de 100 à 117

PRODUITS STUPÉFIANTS PÉRIMÉS
et produits stupéfiants apportés par des clients ou des médecins pour destruction — Pages de 120 à 129

CODE DE LA SANTÉ PUBLIQUE
Article R.5132-36

Toute entrée et toute sortie de substances et de médicaments classés comme stupéfiants sont inscrites par les personnes mentionnées à l'article R. 5132-76 sur un registre ou enregistrée par un système informatique spécifique répondant aux conditions suivantes :

a) Aucune modification des données ne doit être possible après validation de leur enregistrement ;
b) Une édition immédiate des mentions prévues au présent article doit pouvoir être effectuée à la demande de toute autorité de contrôle ;
c) Chaque page éditée doit comporter le nom et l'adresse de l'établissement.

L'inscription ou l'enregistrement des entrées et des sorties se fait à chaque opération, en précisant la date à laquelle il est établi.

L'inscription ou l'enregistrement des entrées comporte la désignation et la quantité de stupéfiants reçus et, pour les spécialités pharmaceutiques, leur désignation et les quantités reçues en unités de prise.

L'inscription des sorties comporte :

1. Pour les préparations magistrales et officinales, y compris celles qui sont mentionnées à l'article R.5125-45, la désignation et la quantité de stupéfiants utilisés ;
2. Pour les spécialités pharmaceutiques, leur désignation et les quantités délivrées en unités de prise.

Une balance mensuelle des entrées et sorties est portée au registre ou éditée. Ces inscriptions sont faites à l'encre, sans blanc, ni surcharge.

Chaque année, il est procédé à l'inventaire du stock, par pesées et décomptes. Les différences constatées entre la balance et l'inventaire sont soumises au contrôle du pharmacien inspecteur de santé publique ou, le cas échéant, du vétérinaire inspecteur, lors de la première visite qui suit l'établissement de l'inventaire. Les mentions des écarts constatés sont, le cas échéant, inscrites sur celui-ci. Cet inventaire est porté sur le registre à l'encre, sans blanc ni rature ou surcharge, ou par voie d'enregistrement électronique. Aucune modification des données ne doit être possible après validation de leur enregistrement. Les données doivent figurer sur un support garantissant leur pérennité et leur intégrité. Leur duplication est obligatoire sur deux supports distincts, le premier servant à la consultation habituelle, le second étant gardé en réserve. Les données archivées doivent pouvoir être accessibles, consultées et exploitées pendant la durée de leur conservation.

En cas de péremption, d'altération ou de retour, le pharmacien titulaire de l'officine, ou le vétérinaire mentionné à l'article L. 5143-2, procède à la dénaturation des substances, préparations ou médicaments classés comme stupéfiants en présence d'un confrère, désigné dans des conditions excluant toute réciprocité et tout conflit d'intérêt par le président du conseil régional de l'ordre des pharmaciens, ou, pour les pharmaciens d'outre-mer, du conseil central E, ou, pour les vétérinaires, le président du conseil régional de l'ordre des vétérinaires. Un mois avant l'opération envisagée, il en informe par écrit le pharmacien inspecteur régional de santé publique, ou, le cas échéant, le directeur départemental des services vétérinaires, en indiquant la date prévue, les noms, quantités et toutes précisions sur les formes et conditionnements des produits à détruire. Après destruction des produits dénaturés, il adresse au pharmacien inspecteur régional de santé publique ou, le cas échéant, au directeur départemental des services vétérinaires, une copie du document attestant cette destruction. Les modalités de destruction des produits dénaturés doivent respecter la réglementation en vigueur en matière d'élimination des déchets. Un document attestant la destruction est tenu, par le titulaire, à la disposition des autorités de contrôle. Le modèle du document attestant la destruction est fixé par arrêté des ministres chargés de la santé et de l'agriculture après avis du directeur général de l'Agence française de sécurité sanitaire des produits de santé. Ces dispositions s'appliquent également aux reliquats issus du déconditionnement de spécialités.

Le registre, les enregistrements informatiques et les éditions de ces enregistrements par période maximale d'un mois ainsi que les documents attestant la destruction sont conservés dix ans à compter de leur dernière mention, pour être présentés à toute réquisition des autorités de contrôle.

MÉDICAMENTS CLASSÉS « STUPÉFIANTS »

Balance journalière des entrées-sorties

MÉDICAMENTS CLASSÉS « STUPÉFIANTS »

Balance journalière des entrées-sorties

N° D'ordre	Date	(+) ENTRÉES (noms et adresses des fournisseurs) (-) SORTIES (noms, prénoms des Destinataires)	Identification de la personne enregistrant le mouvement	Noms et dosages des médicaments classés « Stupéfiants »					
				+	-	=	+	-	=
				Report			Report		
Balance à reporter									

Observations

Noms et dosages des médicaments classés « Stupéfiants »																	
+	-	=	+	-	=	+	-	=	+	-	=	+	-	=	+	-	=
Report			Report			Report			Report			Report			Report		

Observations

MÉDICAMENTS CLASSÉS « STUPÉFIANTS »

Balance journalière des entrées-sorties

N° D'ordre	Date	(+) ENTRÉES (noms et adresses des fournisseurs) (-) SORTIES (noms, prénoms des Destinataires)	Identification de la personne enregistrant le mouvement	Noms et dosages des médicaments classés « Stupéfiants »					
				+	-	=	+	-	=
				Report			Report		
Balance à reporter									

Observations

Noms et dosages des médicaments classés « Stupéfiants »

+	-	=	+	-	=	+	-	=	+	-	=	+	-	=	+	-	=
Report			Report			Report			Report			Report			Report		

Observations

MÉDICAMENTS CLASSÉS « STUPÉFIANTS »
Balance journalière des entrées-sorties

N° D'ordre	Date	(+) ENTRÉES (noms et adresses des fournisseurs) (-) SORTIES (noms, prénoms des Destinataires)	Identification de la personne enregistrant le mouvement	Noms et dosages des médicaments classés « Stupéfiants »					
				+	-	=	+	-	=
				Report			Report		
			Balance à reporter						

Observations

Noms et dosages des médicaments classés « Stupéfiants »																	
+	-	=	+	-	=	+	-	=	+	-	=	+	-	=	+	-	=
Report			Report			Report			Report			Report			Report		

Observations

MÉDICAMENTS CLASSÉS « STUPÉFIANTS »

Balance journalière des entrées-sorties

N° D'ordre	Date	(+) ENTRÉES (noms et adresses des fournisseurs) (-) SORTIES (noms, prénoms des Destinataires)	Identification de la personne enregistrant le mouvement	Noms et dosages des médicaments classés « Stupéfiants »					
				+	-	=	+	-	=
				Report			Report		
				Balance à reporter					

Observations

Noms et dosages des médicaments classés « Stupéfiants »

+	-	=	+	-	=	+	-	=	+	-	=	+	-	=	+	-	=
Report			Report			Report			Report			Report			Report		

Observations

MÉDICAMENTS CLASSÉS « STUPÉFIANTS »

Balance journalière des entrées-sorties

N° D'ordre	Date	(+) ENTRÉES (noms et adresses des fournisseurs) (-) SORTIES (noms, prénoms des Destinataires)	Identification de la personne enregistrant le mouvement	Noms et dosages des médicaments classés « Stupéfiants »					
				+	-	=	+	-	=
				Report			Report		
				Balance à reporter					

Observations

Noms et dosages des médicaments classés « Stupéfiants »

+	-	=	+	-	=	+	-	=	+	-	=	+	-	=	+	-	=
Report			Report			Report			Report			Report			Report		

Observations

MÉDICAMENTS CLASSÉS « STUPÉFIANTS »

Balance journalière des entrées-sorties

N° D'ordre	Date	(+) ENTRÉES (noms et adresses des fournisseurs) (-) SORTIES (noms, prénoms des Destinataires)	Identification de la personne enregistrant le mouvement	Noms et dosages des médicaments classés « Stupéfiants »					
				+	-	=	+	-	=
				Report			Report		
				Balance à reporter					

Observations

Noms et dosages des médicaments classés « Stupéfiants »																	
+	-	=	+	-	=	+	-	=	+	-	=	+	-	=	+	-	=
Report			Report			Report			Report			Report			Report		

Observations

MÉDICAMENTS CLASSÉS « STUPÉFIANTS »

Balance journalière des entrées-sorties

N° D'ordre	Date	(+) ENTRÉES (noms et adresses des fournisseurs) (-) SORTIES (noms, prénoms des Destinataires)	Identification de la personne enregistrant le mouvement	Noms et dosages des médicaments classés « Stupéfiants »					
				+	-	=	+	-	=
				Report			Report		
				Balance à reporter					

Observations

Noms et dosages des médicaments classés « Stupéfiants »																	
+	-	=	+	-	=	+	-	=	+	-	=	+	-	=	+	-	=
Report			Report			Report			Report			Report			Report		

Observations

MÉDICAMENTS CLASSÉS « STUPÉFIANTS »

Balance journalière des entrées-sorties

N° D'ordre	Date	(+) ENTRÉES (noms et adresses des fournisseurs) (-) SORTIES (noms, prénoms des Destinataires)	Identification de la personne enregistrant le mouvement	Noms et dosages des médicaments classés « Stupéfiants »					
				+	-	=	+	-	=
				Report			Report		
				Balance à reporter					

Observations

Noms et dosages des médicaments classés « Stupéfiants »																	
+	-	=	+	-	=	+	-	=	+	-	=	+	-	=	+	-	=
Report			Report			Report			Report			Report			Report		

Observations

MÉDICAMENTS CLASSÉS « STUPÉFIANTS »
Balance journalière des entrées-sorties

N° D'ordre	Date	(+) ENTRÉES (noms et adresses des fournisseurs) (-) SORTIES (noms, prénoms des Destinataires)	Identification de la personne enregistrant le mouvement	Noms et dosages des médicaments classés « Stupéfiants »					
				+	-	=	+	-	=
				Report			Report		
				Balance à reporter					

Observations

Noms et dosages des médicaments classés « Stupéfiants »																	
+	-	=	+	-	=	+	-	=	+	-	=	+	-	=	+	-	=
Report			Report			Report			Report			Report			Report		

Observations

MÉDICAMENTS CLASSÉS « STUPÉFIANTS »
Balance journalière des entrées-sorties

N° D'ordre	Date	(+) ENTRÉES (noms et adresses des fournisseurs) (-) SORTIES (noms, prénoms des Destinataires)	Identification de la personne enregistrant le mouvement	Noms et dosages des médicaments classés « Stupéfiants »					
				+	-	=	+	-	=
				Report			Report		
Balance à reporter									

Observations

Noms et dosages des médicaments classés « Stupéfiants »																	
+	-	=	+	-	=	+	-	=	+	-	=	+	-	=	+	-	=
Report			Report			Report			Report			Report			Report		

Observations

MÉDICAMENTS CLASSÉS « STUPÉFIANTS »
Balance journalière des entrées-sorties

N° D'ordre	Date	(+) ENTRÉES (noms et adresses des fournisseurs) (-) SORTIES (noms, prénoms des Destinataires)	Identification de la personne enregistrant le mouvement	Noms et dosages des médicaments classés « Stupéfiants »					
				+	-	=	+	-	=
				Report			Report		
			Balance à reporter						

Observations

Noms et dosages des médicaments classés « Stupéfiants »																	
+	-	=	+	-	=	+	-	=	+	-	=	+	-	=	+	-	=
Report			Report			Report			Report			Report			Report		

Observations

MÉDICAMENTS CLASSÉS « STUPÉFIANTS »

Balance journalière des entrées-sorties

N° D'ordre	Date	(+) ENTRÉES (noms et adresses des fournisseurs) (-) SORTIES (noms, prénoms des Destinataires)	Identification de la personne enregistrant le mouvement	Noms et dosages des médicaments classés « Stupéfiants »					
				+	-	=	+	-	=
				Report			Report		
Balance à reporter									

Observations

Noms et dosages des médicaments classés « Stupéfiants »																	
+	-	=	+	-	=	+	-	=	+	-	=	+	-	=	+	-	=
Report			Report			Report			Report			Report			Report		

Observations

MÉDICAMENTS CLASSÉS « STUPÉFIANTS »

Balance journalière des entrées-sorties

N° D'ordre	Date	(+) ENTRÉES (noms et adresses des fournisseurs) (-) SORTIES (noms, prénoms des Destinataires)	Identification de la personne enregistrant le mouvement	Noms et dosages des médicaments classés « Stupéfiants »					
				+	-	=	+	-	=
				Report			Report		
Balance à reporter									

Observations

Noms et dosages des médicaments classés « Stupéfiants »																	
+	-	=	+	-	=	+	-	=	+	-	=	+	-	=	+	-	=
Report			Report			Report			Report			Report			Report		

Observations

MÉDICAMENTS CLASSÉS « STUPÉFIANTS »
Balance journalière des entrées-sorties

N° D'ordre	Date	(+) ENTRÉES (noms et adresses des fournisseurs) (-) SORTIES (noms, prénoms des Destinataires)	Identification de la personne enregistrant le mouvement	Noms et dosages des médicaments classés « Stupéfiants »					
				+	-	=	+	-	=
				Report			Report		
Balance à reporter									

Observations

Noms et dosages des médicaments classés « Stupéfiants »																	
+	-	=	+	-	=	+	-	=	+	-	=	+	-	=	+	-	=
Report			Report			Report			Report			Report			Report		

Observations

MÉDICAMENTS CLASSÉS « STUPÉFIANTS » Balance journalière des entrées-sorties				Noms et dosages des médicaments classés « Stupéfiants »					
N° D'ordre	Date	(+) ENTRÉES (noms et adresses des fournisseurs) (-) SORTIES (noms, prénoms des Destinataires)	Identification de la personne enregistrant le mouvement						
				+	-	=	+	-	=
				Report			Report		
Balance à reporter									

Observations

Noms et dosages des médicaments classés « Stupéfiants »																	
+	-	=	+	-	=	+	-	=	+	-	=	+	-	=	+	-	=
Report			Report			Report			Report			Report			Report		

Observations

MÉDICAMENTS CLASSÉS « STUPÉFIANTS »

Balance journalière des entrées-sorties

N° D'ordre	Date	(+) ENTRÉES (noms et adresses des fournisseurs) (-) SORTIES (noms, prénoms des Destinataires)	Identification de la personne enregistrant le mouvement	Noms et dosages des médicaments classés « Stupéfiants »					
				+	-	=	+	-	=
				Report			Report		
			Balance à reporter						

Observations

Noms et dosages des médicaments classés « Stupéfiants »

+	-	=	+	-	=	+	-	=	+	-	=	+	-	=	+	-	=
Report			Report			Report			Report			Report			Report		

Observations

MÉDICAMENTS CLASSÉS « STUPÉFIANTS »
Balance journalière des entrées-sorties

N° D'ordre	Date	(+) ENTRÉES (noms et adresses des fournisseurs) (-) SORTIES (noms, prénoms des Destinataires)	Identification de la personne enregistrant le mouvement	Noms et dosages des médicaments classés « Stupéfiants »					
				+	-	=	+	-	=
				Report			Report		
Balance à reporter									

Observations

Noms et dosages des médicaments classés « Stupéfiants »																	
+	-	=	+	-	=	+	-	=	+	-	=	+	-	=	+	-	=
Report			Report			Report			Report			Report			Report		

Observations

MÉDICAMENTS CLASSÉS « STUPÉFIANTS » Balance journalière des entrées-sorties				Noms et dosages des médicaments classés « Stupéfiants »					
N° D'ordre	Date	(+) ENTRÉES (noms et adresses des fournisseurs) (-) SORTIES (noms, prénoms des Destinataires)	Identification de la personne enregistrant le mouvement						
				+	-	=	+	-	=
				Report			Report		
			Balance à reporter						

Observations

Noms et dosages des médicaments classés « Stupéfiants »																	
+	-	=	+	-	=	+	-	=	+	-	=	+	-	=	+	-	=
Report			Report			Report			Report			Report			Report		

Observations

MÉDICAMENTS CLASSÉS « STUPÉFIANTS »

Balance journalière des entrées-sorties

N° D'ordre	Date	(+) ENTRÉES (noms et adresses des fournisseurs) (-) SORTIES (noms, prénoms des Destinataires)	Identification de la personne enregistrant le mouvement	Noms et dosages des médicaments classés « Stupéfiants »					
				+	-	=	+	-	=
				Report			Report		
				Balance à reporter					

Observations

Noms et dosages des médicaments classés « Stupéfiants »																	
+	-	=	+	-	=	+	-	=	+	-	=	+	-	=	+	-	=
Report			Report			Report			Report			Report			Report		

Observations

MÉDICAMENTS CLASSÉS « STUPÉFIANTS »

Balance journalière des entrées-sorties

N° D'ordre	Date	(+) ENTRÉES (noms et adresses des fournisseurs) (-) SORTIES (noms, prénoms des Destinataires)	Identification de la personne enregistrant le mouvement	Noms et dosages des médicaments classés « Stupéfiants »					
				+	-	=	+	-	=
				Report			Report		
			Balance à reporter						

Observations

Noms et dosages des médicaments classés « Stupéfiants »																	
+	-	=	+	-	=	+	-	=	+	-	=	+	-	=	+	-	=
Report			Report			Report			Report			Report			Report		

Observations

MÉDICAMENTS CLASSÉS « STUPÉFIANTS »

Balance journalière des entrées-sorties

N° D'ordre	Date	(+) ENTRÉES (noms et adresses des fournisseurs) (-) SORTIES (noms, prénoms des Destinataires)	Identification de la personne enregistrant le mouvement	Noms et dosages des médicaments classés « Stupéfiants »					
				+	-	=	+	-	=
				Report			Report		
			Balance à reporter						

Observations

Noms et dosages des médicaments classés « Stupéfiants »																	
+	-	=	+	-	=	+	-	=	+	-	=	+	-	=	+	-	=
Report			**Report**			**Report**			**Report**			**Report**			**Report**		

Observations

MÉDICAMENTS CLASSÉS « STUPÉFIANTS »

Balance journalière des entrées-sorties

N° D'ordre	Date	(+) ENTRÉES (noms et adresses des fournisseurs) (-) SORTIES (noms, prénoms des Destinataires)	Identification de la personne enregistrant le mouvement	Noms et dosages des médicaments classés « Stupéfiants »					
				+	-	=	+	-	=
				Report			Report		
Balance à reporter									

Observations

Noms et dosages des médicaments classés « Stupéfiants »																	
+	-	=	+	-	=	+	-	=	+	-	=	+	-	=	+	-	=
Report			Report			Report			Report			Report			Report		

Observations

MÉDICAMENTS CLASSÉS « STUPÉFIANTS » Balance journalière des entrées-sorties				Noms et dosages des médicaments classés « Stupéfiants »					
N° D'ordre	Date	(+) ENTRÉES (noms et adresses des fournisseurs) (-) SORTIES (noms, prénoms des Destinataires)	Identification de la personne enregistrant le mouvement						
				+	-	=	+	-	=
				Report			Report		
Balance à reporter									

Observations

Noms et dosages des médicaments classés « Stupéfiants »																	
+	-	=	+	-	=	+	-	=	+	-	=	+	-	=	+	-	=
Report			Report			Report			Report			Report			Report		

Observations

MÉDICAMENTS CLASSÉS « STUPÉFIANTS »
Balance journalière des entrées-sorties

Noms et dosages des médicaments classés « Stupéfiants »

N° D'ordre	Date	(+) ENTRÉES (noms et adresses des fournisseurs) (-) SORTIES (noms, prénoms des Destinataires)	Identification de la personne enregistrant le mouvement	+	-	=	+	-	=
				Report			Report		
				Balance à reporter					

Observations

Noms et dosages des médicaments classés « Stupéfiants »																	
+	-	=	+	-	=	+	-	=	+	-	=	+	-	=	+	-	=
Report			Report			Report			Report			Report			Report		

Observations

MÉDICAMENTS CLASSÉS « STUPÉFIANTS »
Balance journalière des entrées-sorties

N° D'ordre	Date	(+) ENTRÉES (noms et adresses des fournisseurs) (-) SORTIES (noms, prénoms des Destinataires)	Identification de la personne enregistrant le mouvement	Noms et dosages des médicaments classés « Stupéfiants »					
				+	-	=	+	-	=
				Report			Report		
Balance à reporter									

Observations

Noms et dosages des médicaments classés « Stupéfiants »

+	-	=	+	-	=	+	-	=	+	-	=	+	-	=	+	-	=
Report			Report			Report			Report			Report			Report		

Observations

MÉDICAMENTS CLASSÉS « STUPÉFIANTS »

Balance journalière des entrées-sorties

N° D'ordre	Date	(+) ENTRÉES (noms et adresses des fournisseurs) (-) SORTIES (noms, prénoms des Destinataires)	Identification de la personne enregistrant le mouvement	Noms et dosages des médicaments classés « Stupéfiants »					
				+	-	=	+	-	=
				Report			Report		
			Balance à reporter						

Observations

Noms et dosages des médicaments classés « Stupéfiants »																	
+	-	=	+	-	=	+	-	=	+	-	=	+	-	=	+	-	=
Report			Report			Report			Report			Report			Report		

Observations

MÉDICAMENTS CLASSÉS « STUPÉFIANTS » Balance journalière des entrées-sorties				Noms et dosages des médicaments classés « Stupéfiants »					
N° D'ordre	Date	(+) ENTRÉES (noms et adresses des fournisseurs) (-) SORTIES (noms, prénoms des Destinataires)	Identification de la personne enregistrant le mouvement						
				+	-	=	+	-	=
				Report			Report		
				Balance à reporter					

Observations

Noms et dosages des médicaments classés « Stupéfiants »																	
+	-	=	+	-	=	+	-	=	+	-	=	+	-	=	+	-	=
Report			Report			Report			Report			Report			Report		

Observations

MÉDICAMENTS CLASSÉS « STUPÉFIANTS »
Balance journalière des entrées-sorties

N° D'ordre	Date	(+) ENTRÉES (noms et adresses des fournisseurs) (-) SORTIES (noms, prénoms des Destinataires)	Identification de la personne enregistrant le mouvement	Noms et dosages des médicaments classés « Stupéfiants »					
				+	-	=	+	-	=
				Report			Report		
			Balance à reporter						

Observations

____

____

____

Noms et dosages des médicaments classés « Stupéfiants »																	
+	-	=	+	-	=	+	-	=	+	-	=	+	-	=	+	-	=
Report			Report			Report			Report			Report			Report		

Observations

MÉDICAMENTS CLASSÉS « STUPÉFIANTS »
Balance journalière des entrées-sorties

N° D'ordre	Date	(+) ENTRÉES (noms et adresses des fournisseurs) (-) SORTIES (noms, prénoms des Destinataires)	Identification de la personne enregistrant le mouvement	Noms et dosages des médicaments classés « Stupéfiants »					
				+	-	=	+	-	=
				Report			Report		
Balance à reporter									

Observations

Noms et dosages des médicaments classés « Stupéfiants »																	
+	-	=	+	-	=	+	-	=	+	-	=	+	-	=	+	-	=
Report			Report			Report			Report			Report			Report		

Observations

MÉDICAMENTS CLASSÉS « STUPÉFIANTS »

Balance journalière des entrées-sorties

Noms et dosages des médicaments classés « Stupéfiants »

N° D'ordre	Date	(+) ENTRÉES (noms et adresses des fournisseurs) (-) SORTIES (noms, prénoms des Destinataires)	Identification de la personne enregistrant le mouvement						
				+	-	=	+	-	=
				Report			Report		
Balance à reporter									

Observations

Noms et dosages des médicaments classés « Stupéfiants »																	
+	-	=	+	-	=	+	-	=	+	-	=	+	-	=	+	-	=
Report			Report			Report			Report			Report			Report		

Observations

MÉDICAMENTS CLASSÉS « STUPÉFIANTS »

Balance mensuelle des entrées-sorties et inventaire annuel

MÉDICAMENTS CLASSÉS « STUPÉFIANTS »
Balance mensuelle des entrées-sorties et inventaire annuel

Année	Mois	(+) ENTRÉES/(-) SORTIES/(=) BALANCE Date d'arrêt de la balance mensuelle ou de l'inventaire annuel	Identification de la personne enregistrant le mouvement	Noms et dosages des médicaments classés « Stupéfiants »					
				+	-	=	+	-	=
				Report			Report		
	Janvier								
	Février								
	Mars								
	Avril								
	Mai								
	Juin								
	Juillet								
	Août								
	Septembre								
	Octobre								
	Novembre								
	Décembre								
					Inventaire				
					Différence entre « inventaire » et « balance du dernier mois »				

Cet inventaire est porté sur le registre à l'encre, sans blanc ni rature ou surcharge / (Art. R.5132-96 du Code de la Santé Publique)

Observations

Noms et dosages des médicaments classés « Stupéfiants »																	
+	-	=	+	-	=	+	-	=	+	-	=	+	-	=	+	-	=
Report			Report			Report			Report			Report			Report		

Observations

MÉDICAMENTS CLASSÉS « STUPÉFIANTS »

Balance mensuelle des entrées-sorties et inventaire annuel

Année ....

Mois	(+) ENTRÉES/(-) SORTIES/(=) BALANCE Date d'arrêt de la balance mensuelle ou de l'inventaire annuel	Identification de la personne enregistrant le mouvement	Noms et dosages des médicaments classés « Stupéfiants »					
			+	-	=	+	-	=
			Report			Report		
Janvier								
Février								
Mars								
Avril								
Mai								
Juin								
Juillet								
Août								
Septembre								
Octobre								
Novembre								
Décembre								
Inventaire								
Différence entre « inventaire » et « balance du dernier mois »								

Cet inventaire est porté sur le registre à l'encre, sans blanc ni rature ou surcharge / (Art. R.5132-96 du Code de la Santé Publique)

Observations

Noms et dosages des médicaments classés « Stupéfiants »																	
+	-	=	+	-	=	+	-	=	+	-	=	+	-	=	+	-	=
Report			Report			Report			Report			Report			Report		

Observations

MÉDICAMENTS CLASSÉS « STUPÉFIANTS » Balance mensuelle des entrées-sorties et inventaire annuel			Noms et dosages des médicaments classés « Stupéfiants »					
Mois	(+) ENTRÉES/(-) SORTIES/(=) BALANCE Date d'arrêt de la balance mensuelle ou de l'inventaire annuel	Identification de la personne enregistrant le mouvement						
			+	-	=	+	-	=
			Report			Report		
Janvier								
Février								
Mars								
Avril								
Mai								
Juin								
Juillet								
Août								
Septembre								
Octobre								
Novembre								
Décembre								

Année ....

Inventaire		
Différence entre « inventaire » et « balance du dernier mois »		

Cet inventaire est porté sur le registre à l'encre, sans blanc ni rature ou surcharge / (Art. R.5132-96 du Code de la Santé Publique)

Observations

Noms et dosages des médicaments classés « Stupéfiants »

+	-	=	+	-	=	+	-	=	+	-	=	+	-	=	+	-	=
Report			Report			Report			Report			Report			Report		

Observations

MÉDICAMENTS CLASSÉS « STUPÉFIANTS »

Balance mensuelle des entrées-sorties et inventaire annuel

Noms et dosages des médicaments classés « Stupéfiants »

Année ....

Mois	(+) ENTRÉES/(-) SORTIES/(=) BALANCE Date d'arrêt de la balance mensuelle ou de l'inventaire annuel	Identification de la personne enregistrant le mouvement	+	-	=	+	-	=
			Report			Report		
Janvier								
Février								
Mars								
Avril								
Mai								
Juin								
Juillet								
Août								
Septembre								
Octobre								
Novembre								
Décembre								
Inventaire								
Différence entre « inventaire » et « balance du dernier mois »								

Cet inventaire est porté sur le registre à l'encre, sans blanc ni rature ou surcharge / (Art. R.5132-96 du Code de la Santé Publique)

Observations

Noms et dosages des médicaments classés « Stupéfiants »																	
+	-	=	+	-	=	+	-	=	+	-	=	+	-	=	+	-	=
Report			Report			Report			Report			Report			Report		

Observations

MÉDICAMENTS CLASSÉS « STUPÉFIANTS »

Balance mensuelle des entrées-sorties et inventaire annuel

Année ....

Mois	(+) ENTRÉES/(-) SORTIES/(=) BALANCE Date d'arrêt de la balance mensuelle ou de l'inventaire annuel	Identification de la personne enregistrant le mouvement	Noms et dosages des médicaments classés « Stupéfiants »					
			+	-	=	+	-	=
			Report			Report		
Janvier								
Février								
Mars								
Avril								
Mai								
Juin								
Juillet								
Août								
Septembre								
Octobre								
Novembre								
Décembre								
Inventaire								
Différence entre « inventaire » et « balance du dernier mois »								

Cet inventaire est porté sur le registre à l'encre, sans blanc ni rature ou surcharge / (Art. R.5132-96 du Code de la Santé Publique)

Observations

Noms et dosages des médicaments classés « Stupéfiants »																	
+	-	=	+	-	=	+	-	=	+	-	=	+	-	=	+	-	=
Report			Report			Report			Report			Report			Report		

Observations

MÉDICAMENTS CLASSÉS « STUPÉFIANTS »

Balance mensuelle des entrées-sorties et inventaire annuel

Noms et dosages des médicaments classés « Stupéfiants »

Année ....

Mois	(+) ENTRÉES/(-) SORTIES/(=) BALANCE Date d'arrêt de la balance mensuelle ou de l'inventaire annuel	Identification de la personne enregistrant le mouvement						
			+	-	=	+	-	=
			Report			Report		
Janvier								
Février								
Mars								
Avril								
Mai								
Juin								
Juillet								
Août								
Septembre								
Octobre								
Novembre								
Décembre								
Inventaire								
Différence entre « inventaire » et « balance du dernier mois »								

Cet inventaire est porté sur le registre à l'encre, sans blanc ni rature ou surcharge / (Art. R.5132-96 du Code de la Santé Publique)

Observations

Noms et dosages des médicaments classés « Stupéfiants »																	
+	-	=	+	-	=	+	-	=	+	-	=	+	-	=	+	-	=
Report			Report			Report			Report			Report			Report		

Observations

MÉDICAMENTS CLASSÉS « STUPÉFIANTS »

Balance mensuelle des entrées-sorties et inventaire annuel

Noms et dosages des médicaments classés « Stupéfiants »

Année ....

Mois	(+) ENTRÉES/(-) SORTIES/(=) BALANCE Date d'arrêt de la balance mensuelle ou de l'inventaire annuel	Identification de la personne enregistrant le mouvement						
			+	-	=	+	-	=
			Report			Report		
Janvier								
Février								
Mars								
Avril								
Mai								
Juin								
Juillet								
Août								
Septembre								
Octobre								
Novembre								
Décembre								
Inventaire								
Différence entre « inventaire » et « balance du dernier mois »								

Cet inventaire est porté sur le registre à l'encre, sans blanc ni rature ou surcharge / (Art. R.5132-96 du Code de la Santé Publique)

Observations

Noms et dosages des médicaments classés « Stupéfiants »																	
+	-	=	+	-	=	+	-	=	+	-	=	+	-	=	+	-	=
Report			Report			Report			Report			Report			Report		

Observations

MÉDICAMENTS CLASSÉS « STUPÉFIANTS »

Balance mensuelle des entrées-sorties et inventaire annuel

Année ....

Mois	(+) ENTRÉES/(-) SORTIES/(=) BALANCE Date d'arrêt de la balance mensuelle ou de l'inventaire annuel	Identification de la personne enregistrant le mouvement	Noms et dosages des médicaments classés « Stupéfiants »					
			+	-	=	+	-	=
			Report			Report		
Janvier								
Février								
Mars								
Avril								
Mai								
Juin								
Juillet								
Août								
Septembre								
Octobre								
Novembre								
Décembre								
Inventaire								
Différence entre « inventaire » et « balance du dernier mois »								

Cet inventaire est porté sur le registre à l'encre, sans blanc ni rature ou surcharge / (Art. R.5132-96 du Code de la Santé Publique)

Observations

Noms et dosages des médicaments classés « Stupéfiants »																	
+	-	=	+	-	=	+	-	=	+	-	=	+	-	=	+	-	=
Report			Report			Report			Report			Report			Report		

Observations

MÉDICAMENTS CLASSÉS « STUPÉFIANTS »

Balance mensuelle des entrées-sorties et inventaire annuel

Noms et dosages des médicaments classés « Stupéfiants »

Année ....

Mois	(+) ENTRÉES/(-) SORTIES/(=) BALANCE Date d'arrêt de la balance mensuelle ou de l'inventaire annuel	Identification de la personne enregistrant le mouvement	+	-	=	+	-	=
			Report			Report		
Janvier								
Février								
Mars								
Avril								
Mai								
Juin								
Juillet								
Août								
Septembre								
Octobre								
Novembre								
Décembre								
Inventaire								
Différence entre « inventaire » et « balance du dernier mois »								

Cet inventaire est porté sur le registre à l'encre, sans blanc ni rature ou surcharge / (Art. R.5132-96 du Code de la Santé Publique)

Observations

Noms et dosages des médicaments classés « Stupéfiants »																	
+	-	=	+	-	=	+	-	=	+	-	=	+	-	=	+	-	=
Report			Report			Report			Report			Report			Report		

Observations

MÉDICAMENTS CLASSÉS « STUPÉFIANTS » **Balance mensuelle des entrées-sorties et inventaire annuel**				**Noms et dosages des médicaments classés « Stupéfiants »**					
Année	**Mois**	(+) **ENTRÉES**/(-) **SORTIES**/(=) **BALANCE** **Date d'arrêt de la balance mensuelle ou de l'inventaire annuel**	**Identification de la personne enregistrant le mouvement**	+	-	=	+	-	=
				Report			**Report**		
	Janvier								
	Février								
	Mars								
	Avril								
	Mai								
	Juin								
	Juillet								
	Août								
	Septembre								
	Octobre								
	Novembre								
	Décembre								
			Inventaire						
			Différence entre « inventaire » et « balance du dernier mois »						

Cet inventaire est porté sur le registre à l'encre, sans blanc ni rature ou surcharge / (Art. R.5132-96 du Code de la Santé Publique)

Observations

Noms et dosages des médicaments classés « Stupéfiants »																	
+	-	=	+	-	=	+	-	=	+	-	=	+	-	=	+	-	=
Report			Report			Report			Report			Report			Report		

Observations

MÉDICAMENTS CLASSÉS « STUPÉFIANTS »

Balance mensuelle des entrées-sorties et inventaire annuel

Noms et dosages des médicaments classés « Stupéfiants »

Année ....

Mois	(+) ENTRÉES/(-) SORTIES/(=) BALANCE Date d'arrêt de la balance mensuelle ou de l'inventaire annuel	Identification de la personne enregistrant le mouvement	+	-	=	+	-	=
			Report			Report		
Janvier								
Février								
Mars								
Avril								
Mai								
Juin								
Juillet								
Août								
Septembre								
Octobre								
Novembre								
Décembre								
Inventaire								
Différence entre « inventaire » et « balance du dernier mois »								

Cet inventaire est porté sur le registre à l'encre, sans blanc ni rature ou surcharge / (Art. R.5132-96 du Code de la Santé Publique)

Observations

Noms et dosages des médicaments classés « Stupéfiants »																	
+	-	=	+	-	=	+	-	=	+	-	=	+	-	=	+	-	=
Report			Report			Report			Report			Report			Report		

Observations

MÉDICAMENTS CLASSÉS « STUPÉFIANTS » **Balance mensuelle des entrées-sorties et inventaire annuel**				Noms et dosages des médicaments classés « Stupéfiants »					
Année	Mois	(+) ENTRÉES/(-) SORTIES/(=) BALANCE Date d'arrêt de la balance mensuelle ou de l'inventaire annuel	Identification de la personne enregistrant le mouvement						
				+	-	=	+	-	=
				Report			Report		
	Janvier								
	Février								
	Mars								
	Avril								
	Mai								
	Juin								
	Juillet								
	Août								
	Septembre								
	Octobre								
	Novembre								
	Décembre								
				Inventaire					
				Différence entre « inventaire » et « balance du dernier mois »					

Cet inventaire est porté sur le registre à l'encre, sans blanc ni rature ou surcharge / (Art. R.5132-96 du Code de la Santé Publique)

Observations

Noms et dosages des médicaments classés « Stupéfiants »																	
+	-	=	+	-	=	+	-	=	+	-	=	+	-	=	+	-	=
Report			Report			Report			Report			Report			Report		

Observations

MÉDICAMENTS CLASSÉS « STUPÉFIANTS »

Balance mensuelle des entrées-sorties et inventaire annuel

Année ....

Mois	(+) ENTRÉES/(-) SORTIES/(=) BALANCE Date d'arrêt de la balance mensuelle ou de l'inventaire annuel	Identification de la personne enregistrant le mouvement	Noms et dosages des médicaments classés « Stupéfiants »					
			+	-	=	+	-	=
			Report			Report		
Janvier								
Février								
Mars								
Avril								
Mai								
Juin								
Juillet								
Août								
Septembre								
Octobre								
Novembre								
Décembre								

Inventaire		
Différence entre « inventaire » et « balance du dernier mois »		

Cet inventaire est porté sur le registre à l'encre, sans blanc ni rature ou surcharge / (Art. R.5132-96 du Code de la Santé Publique)

Observations

Noms et dosages des médicaments classés « Stupéfiants »

+	-	=	+	-	=	+	-	=	+	-	=	+	-	=	+	-	=
Report			Report			Report			Report			Report			Report		

Observations

MÉDICAMENTS CLASSÉS « STUPÉFIANTS »
Balance mensuelle des entrées-sorties et inventaire annuel

Noms et dosages des médicaments classés « Stupéfiants »

Année ....

Mois	(+) ENTRÉES/(-) SORTIES/(=) BALANCE Date d'arrêt de la balance mensuelle ou de l'inventaire annuel	Identification de la personne enregistrant le mouvement	+	-	=	+	-	=
			Report			Report		
Janvier								
Février								
Mars								
Avril								
Mai								
Juin								
Juillet								
Août								
Septembre								
Octobre								
Novembre								
Décembre								
Inventaire								
Différence entre « inventaire » et « balance du dernier mois »								

Cet inventaire est porté sur le registre à l'encre, sans blanc ni rature ou surcharge / (Art. R.5132-96 du Code de la Santé Publique)

Observations

Noms et dosages des médicaments classés « Stupéfiants »																	
+	-	=	+	-	=	+	-	=	+	-	=	+	-	=	+	-	=
Report			Report			Report			Report			Report			Report		

Observations

MÉDICAMENTS CLASSÉS « STUPÉFIANTS »

Balance mensuelle des entrées-sorties et inventaire annuel

Noms et dosages des médicaments classés « Stupéfiants »

Année ....

Mois	(+) ENTRÉES/(-) SORTIES/(=) BALANCE Date d'arrêt de la balance mensuelle ou de l'inventaire annuel	Identification de la personne enregistrant le mouvement	+	-	=	+	-	=
			Report			Report		
Janvier								
Février								
Mars								
Avril								
Mai								
Juin								
Juillet								
Août								
Septembre								
Octobre								
Novembre								
Décembre								
Inventaire								
Différence entre « inventaire » et « balance du dernier mois »								

Cet inventaire est porté sur le registre à l'encre, sans blanc ni rature ou surcharge / (Art. R.5132-96 du Code de la Santé Publique)

Observations

Noms et dosages des médicaments classés « Stupéfiants »																	
+	-	=	+	-	=	+	-	=	+	-	=	+	-	=	+	-	=
Report			Report			Report			Report			Report			Report		

Observations

AUTRES SUBSTANCES ET PRÉPARATIONS « STUPÉFIANTES »

Balance journalière des entrées/sorties (et pertes éventuelles)

AUTRES SUBSTANCES ET PRÉPARATIONS « STUPÉFIANTES »

Balance journalière des entrées/sorties (et pertes éventuelles)

N° D'ordre	Date	(+) ENTRÉES (noms et adresses des fournisseurs) (-) SORTIES (noms, prénoms des Destinataires)	Nature et quantité des produits obtenus / N° d'ordonnancier de préparation	+	-	Perte	=
				Report			
						Balance à reporter	

Noms et dosages des substances et préparations « stupéfiantes »

N° de référence:

Observations

Noms et dosages des substances et préparations « stupéfiantes »															
N° de référence:				N° de référence:				N° de référence:				N° de référence:			
+	-	Perte	=	+	-	Perte	=	+	-	Perte	=	+	-	Perte	=
Report				Report				Report				Report			

Observations

AUTRES SUBSTANCES ET PRÉPARATIONS « STUPÉFIANTES »
Balance journalière des entrées/sorties (et pertes éventuelles)

Noms et dosages des substances et préparations « stupéfiantes »

N° de référence:

N° D'ordre	Date	(+) ENTRÉES (noms et adresses des fournisseurs) (-) SORTIES (noms, prénoms des Destinataires)	Nature et quantité des produits obtenus / N° d'ordonnancier de préparation	+	-	Perte	=
				Report			
						Balance à reporter	

Observations

Noms et dosages des substances et préparations « stupéfiantes »															
N° de référence:				N° de référence:				N° de référence:				N° de référence:			
+	-	Perte	=	+	-	Perte	=	+	-	Perte	=	+	-	Perte	=
Report				Report				Report				Report			

Observations

AUTRES SUBSTANCES ET PRÉPARATIONS « STUPÉFIANTES »
Balance journalière des entrées/sorties (et pertes éventuelles)

Noms et dosages des substances et préparations « stupéfiantes »

N° de référence:

N° D'ordre	Date	(+) ENTRÉES (noms et adresses des fournisseurs) (-) SORTIES (noms, prénoms des Destinataires)	Nature et quantité des produits obtenus / N° d'ordonnancier de préparation	+	-	Perte	=
				Report			
						Balance à reporter	

Observations

Noms et dosages des substances et préparations « stupéfiantes »															
N° de référence:				N° de référence:				N° de référence:				N° de référence:			
+	-	Perte	=	+	-	Perte	=	+	-	Perte	=	+	-	Perte	=
Report				Report				Report				Report			

Observations

AUTRES SUBSTANCES ET PRÉPARATIONS « STUPÉFIANTES »
Balance journalière des entrées/sorties (et pertes éventuelles)

Noms et dosages des substances et préparations « stupéfiantes »

N° de référence:

N° D'ordre	Date	(+) ENTRÉES (noms et adresses des fournisseurs) (-) SORTIES (noms, prénoms des Destinataires)	Nature et quantité des produits obtenus / N° d'ordonnancier de préparation	+	-	Perte	=
				Report			
						Balance à reporter	

Observations

Noms et dosages des substances et préparations « stupéfiantes »															
N° de référence:				N° de référence:				N° de référence:				N° de référence:			
+	-	Perte	=	+	-	Perte	=	+	-	Perte	=	+	-	Perte	=
Report				Report				Report				Report			

Observations

AUTRES SUBSTANCES ET PRÉPARATIONS « STUPÉFIANTES »
Balance journalière des entrées/sorties (et pertes éventuelles)

Noms et dosages des substances et préparations « stupéfiantes »

N° de référence:

N° D'ordre	Date	(+) ENTRÉES (noms et adresses des fournisseurs) (-) SORTIES (noms, prénoms des Destinataires)	Nature et quantité des produits obtenus / N° d'ordonnancier de préparation	+	-	Perte	=
				Report			
						Balance à reporter	

Observations

Noms et dosages des substances et préparations « stupéfiantes »															
N° de référence:				N° de référence:				N° de référence:				N° de référence:			
+	-	Perte	=	+	-	Perte	=	+	-	Perte	=	+	-	Perte	=
Report				Report				Report				Report			

Observations

AUTRES SUBSTANCES ET PRÉPARATIONS « STUPÉFIANTES »
Balance journalière des entrées/sorties (et pertes éventuelles)

Noms et dosages des substances et préparations « stupéfiantes »

N° de référence:

N° D'ordre	Date	(+) ENTRÉES (noms et adresses des fournisseurs) (-) SORTIES (noms, prénoms des Destinataires)	Nature et quantité des produits obtenus / N° d'ordonnancier de préparation	+	-	Perte	=
				Report			
						Balance à reporter	

Observations

Noms et dosages des substances et préparations « stupéfiantes »															
N° de référence:				N° de référence:				N° de référence:				N° de référence:			
+	-	Perte	=	+	-	Perte	=	+	-	Perte	=	+	-	Perte	=
Report				Report				Report				Report			

Observations

AUTRES SUBSTANCES ET PRÉPARATIONS « STUPÉFIANTES »
Balance journalière des entrées/sorties (et pertes éventuelles)

Noms et dosages des substances et préparations « stupéfiantes »

N° de référence:

N° D'ordre	Date	(+) ENTRÉES (noms et adresses des fournisseurs) (-) SORTIES (noms, prénoms des Destinataires)	Nature et quantité des produits obtenus / N° d'ordonnancier de préparation	+	-	Perte	=
				Report			
						Balance à reporter	

Observations

**Noms et dosages
des substances et préparations
« stupéfiantes »**

N° de référence:				N° de référence:				N° de référence:				N° de référence:			
+	-	Perte	=	+	-	Perte	=	+	-	Perte	=	+	-	Perte	=
Report				Report				Report				Report			

Observations

AUTRES SUBSTANCES ET PRÉPARATIONS « STUPÉFIANTES »
Balance journalière des entrées/sorties (et pertes éventuelles)

Noms et dosages des substances et préparations « stupéfiantes »

N° de référence:

N° D'ordre	Date	(+) ENTRÉES (noms et adresses des fournisseurs) (-) SORTIES (noms, prénoms des Destinataires)	Nature et quantité des produits obtenus / N° d'ordonnancier de préparation	+	-	Perte	=
				Report			
						Balance à reporter	

Observations

Noms et dosages des substances et préparations « stupéfiantes »															
N° de référence:				N° de référence:				N° de référence:				N° de référence:			
+	-	Perte	=	+	-	Perte	=	+	-	Perte	=	+	-	Perte	=
Report				Report				Report				Report			

Observations

AUTRES SUBSTANCES ET PRÉPARATIONS « STUPÉFIANTES »

Balance journalière des entrées/sorties (et pertes éventuelles)

Noms et dosages des substances et préparations « stupéfiantes »

N° de référence:

N° D'ordre	Date	(+) ENTRÉES (noms et adresses des fournisseurs) (-) SORTIES (noms, prénoms des Destinataires)	Nature et quantité des produits obtenus / N° d'ordonnancier de préparation	+	-	Perte	=
				Report			
						Balance à reporter	

Observations

Noms et dosages des substances et préparations « stupéfiantes »															
N° de référence:				N° de référence:				N° de référence:				N° de référence:			
+	-	Perte	=	+	-	Perte	=	+	-	Perte	=	+	-	Perte	=
Report				Report				Report				Report			

Observations

PRODUITS STUPÉFIANTS PÉRIMÉS ET PRODUITS STUPÉFIANTS APPORTÉS PAR DES CLIENTS OU DES MÉDECINS POUR DESTRUCTION

PRODUITS STUPÉFIANTS PÉRIMÉS ET PRODUITS STUPÉFIANTS APPORTÉS PAR DES CLIENTS OU DES MÉDECINS POUR DESTRUCTION

Date	Provenance du produit à détruire	
	◯ Produit périmé de l'officine ◯ Produit apporté par un client ◯ Produit apporté par un médecin	Nom et adresse du client ou du médecin (si connu)
	◯ Produit périmé de l'officine ◯ Produit apporté par un client ◯ Produit apporté par un médecin	Nom et adresse du client ou du médecin (si connu)
	◯ Produit périmé de l'officine ◯ Produit apporté par un client ◯ Produit apporté par un médecin	Nom et adresse du client ou du médecin (si connu)
	◯ Produit périmé de l'officine ◯ Produit apporté par un client ◯ Produit apporté par un médecin	Nom et adresse du client ou du médecin (si connu)
	◯ Produit périmé de l'officine ◯ Produit apporté par un client ◯ Produit apporté par un médecin	Nom et adresse du client ou du médecin (si connu)
	◯ Produit périmé de l'officine ◯ Produit apporté par un client ◯ Produit apporté par un médecin	Nom et adresse du client ou du médecin (si connu)
	◯ Produit périmé de l'officine ◯ Produit apporté par un client ◯ Produit apporté par un médecin	Nom et adresse du client ou du médecin (si connu)
	◯ Produit périmé de l'officine ◯ Produit apporté par un client ◯ Produit apporté par un médecin	Nom et adresse du client ou du médecin (si connu)

Observations

PRODUITS STUPÉFIANTS PÉRIMÉS ET PRODUITS STUPÉFIANTS APPORTÉS PAR DES CLIENTS OU DES MÉDECINS POUR DESTRUCTION

Nom(s) et dosage(s) des produits stupéfiants à détruire	Quantité	Commentaire/visa de l'inspecteur

Observations

PRODUITS STUPÉFIANTS PÉRIMÉS ET PRODUITS STUPÉFIANTS APPORTÉS PAR DES CLIENTS OU DES MÉDECINS POUR DESTRUCTION

Date	Provenance du produit à détruire	
	◯ Produit périmé de l'officine ◯ Produit apporté par un client ◯ Produit apporté par un médecin	Nom et adresse du client ou du médecin (si connu)
	◯ Produit périmé de l'officine ◯ Produit apporté par un client ◯ Produit apporté par un médecin	Nom et adresse du client ou du médecin (si connu)
	◯ Produit périmé de l'officine ◯ Produit apporté par un client ◯ Produit apporté par un médecin	Nom et adresse du client ou du médecin (si connu)
	◯ Produit périmé de l'officine ◯ Produit apporté par un client ◯ Produit apporté par un médecin	Nom et adresse du client ou du médecin (si connu)
	◯ Produit périmé de l'officine ◯ Produit apporté par un client ◯ Produit apporté par un médecin	Nom et adresse du client ou du médecin (si connu)
	◯ Produit périmé de l'officine ◯ Produit apporté par un client ◯ Produit apporté par un médecin	Nom et adresse du client ou du médecin (si connu)
	◯ Produit périmé de l'officine ◯ Produit apporté par un client ◯ Produit apporté par un médecin	Nom et adresse du client ou du médecin (si connu)
	◯ Produit périmé de l'officine ◯ Produit apporté par un client ◯ Produit apporté par un médecin	Nom et adresse du client ou du médecin (si connu)

Observations

PRODUITS STUPÉFIANTS PÉRIMÉS
ET PRODUITS STUPÉFIANTS APPORTÉS PAR DES CLIENTS OU DES MÉDECINS
POUR DESTRUCTION

Nom(s) et dosage(s) des produits stupéfiants à détruire	Quantité	Commentaire/visa de l'inspecteur

Observations

PRODUITS STUPÉFIANTS PÉRIMÉS ET PRODUITS STUPÉFIANTS APPORTÉS PAR DES CLIENTS OU DES MÉDECINS POUR DESTRUCTION

Date	Provenance du produit à détruire	
	◯ Produit périmé de l'officine ◯ Produit apporté par un client ◯ Produit apporté par un médecin	Nom et adresse du client ou du médecin (si connu)
	◯ Produit périmé de l'officine ◯ Produit apporté par un client ◯ Produit apporté par un médecin	Nom et adresse du client ou du médecin (si connu)
	◯ Produit périmé de l'officine ◯ Produit apporté par un client ◯ Produit apporté par un médecin	Nom et adresse du client ou du médecin (si connu)
	◯ Produit périmé de l'officine ◯ Produit apporté par un client ◯ Produit apporté par un médecin	Nom et adresse du client ou du médecin (si connu)
	◯ Produit périmé de l'officine ◯ Produit apporté par un client ◯ Produit apporté par un médecin	Nom et adresse du client ou du médecin (si connu)
	◯ Produit périmé de l'officine ◯ Produit apporté par un client ◯ Produit apporté par un médecin	Nom et adresse du client ou du médecin (si connu)
	◯ Produit périmé de l'officine ◯ Produit apporté par un client ◯ Produit apporté par un médecin	Nom et adresse du client ou du médecin (si connu)
	◯ Produit périmé de l'officine ◯ Produit apporté par un client ◯ Produit apporté par un médecin	Nom et adresse du client ou du médecin (si connu)

Observations

PRODUITS STUPÉFIANTS PÉRIMÉS
ET PRODUITS STUPÉFIANTS APPORTÉS PAR DES CLIENTS OU DES MÉDECINS
POUR DESTRUCTION

Nom(s) et dosage(s) des produits stupéfiants à détruire	Quantité	Commentaire/visa de l'inspecteur

Observations

PRODUITS STUPÉFIANTS PÉRIMÉS ET PRODUITS STUPÉFIANTS APPORTÉS PAR DES CLIENTS OU DES MÉDECINS POUR DESTRUCTION

Date	Provenance du produit à détruire	
	◯ Produit périmé de l'officine ◯ Produit apporté par un client ◯ Produit apporté par un médecin	Nom et adresse du client ou du médecin (si connu)
	◯ Produit périmé de l'officine ◯ Produit apporté par un client ◯ Produit apporté par un médecin	Nom et adresse du client ou du médecin (si connu)
	◯ Produit périmé de l'officine ◯ Produit apporté par un client ◯ Produit apporté par un médecin	Nom et adresse du client ou du médecin (si connu)
	◯ Produit périmé de l'officine ◯ Produit apporté par un client ◯ Produit apporté par un médecin	Nom et adresse du client ou du médecin (si connu)
	◯ Produit périmé de l'officine ◯ Produit apporté par un client ◯ Produit apporté par un médecin	Nom et adresse du client ou du médecin (si connu)
	◯ Produit périmé de l'officine ◯ Produit apporté par un client ◯ Produit apporté par un médecin	Nom et adresse du client ou du médecin (si connu)
	◯ Produit périmé de l'officine ◯ Produit apporté par un client ◯ Produit apporté par un médecin	Nom et adresse du client ou du médecin (si connu)
	◯ Produit périmé de l'officine ◯ Produit apporté par un client ◯ Produit apporté par un médecin	Nom et adresse du client ou du médecin (si connu)

Observations

PRODUITS STUPÉFIANTS PÉRIMÉS
ET PRODUITS STUPÉFIANTS APPORTÉS PAR DES CLIENTS OU DES MÉDECINS
POUR DESTRUCTION

Nom(s) et dosage(s) des produits stupéfiants à détruire	Quantité	Commentaire/visa de l'inspecteur

Observations

PRODUITS STUPÉFIANTS PÉRIMÉS ET PRODUITS STUPÉFIANTS APPORTÉS PAR DES CLIENTS OU DES MÉDECINS POUR DESTRUCTION

Date	Provenance du produit à détruire	
	◯ Produit périmé de l'officine ◯ Produit apporté par un client ◯ Produit apporté par un médecin	Nom et adresse du client ou du médecin (si connu)
	◯ Produit périmé de l'officine ◯ Produit apporté par un client ◯ Produit apporté par un médecin	Nom et adresse du client ou du médecin (si connu)
	◯ Produit périmé de l'officine ◯ Produit apporté par un client ◯ Produit apporté par un médecin	Nom et adresse du client ou du médecin (si connu)
	◯ Produit périmé de l'officine ◯ Produit apporté par un client ◯ Produit apporté par un médecin	Nom et adresse du client ou du médecin (si connu)
	◯ Produit périmé de l'officine ◯ Produit apporté par un client ◯ Produit apporté par un médecin	Nom et adresse du client ou du médecin (si connu)
	◯ Produit périmé de l'officine ◯ Produit apporté par un client ◯ Produit apporté par un médecin	Nom et adresse du client ou du médecin (si connu)
	◯ Produit périmé de l'officine ◯ Produit apporté par un client ◯ Produit apporté par un médecin	Nom et adresse du client ou du médecin (si connu)
	◯ Produit périmé de l'officine ◯ Produit apporté par un client ◯ Produit apporté par un médecin	Nom et adresse du client ou du médecin (si connu)

Observations

PRODUITS STUPÉFIANTS PÉRIMÉS
ET PRODUITS STUPÉFIANTS APPORTÉS PAR DES CLIENTS OU DES MÉDECINS
POUR DESTRUCTION

Nom(s) et dosage(s) des produits stupéfiants à détruire	Quantité	Commentaire/visa de l'inspecteur

Observations